インドネシアと周辺の国ぐに

JN080778

ミャンマー
ハノイ
ネーピードー
ビエンチャン
ラオス
台湾
フィリピン海
北マリアナ諸島［アメリカ］
タイ
ベトナム
バンコク
プノンペン
カンボジア
南シナ海
マニラ
フィリピン
マレーシア
ブルネイ
クアラルンプール
バンダルスリブガワン
マルキョク
パラオ
シンガポール
シンガポール
インドネシア
ジャカルタ
ジャワ海
東ティモール
ディリ
ポートモレスビー
オーストラリア

▲ボロブドゥル寺院遺跡群。ボロブドゥルはジャワ島中部に残る仏教の石造建造物の遺跡で、世界3大仏教遺跡のひとつとされる。自然の丘に土を盛り、約5万以上の安山岩ブロックを、接着剤を使わずに積みあげて建造されている。

▲ボロブドゥル寺院遺跡群の頂上にある大ストゥーパ（仏塔）。頂上から下を見おろすと、周囲には豊かな森林が広がっている。また、頂上にいたるまでの各回廊の壁には、ブッダの生きざまや教えを伝える精密な彫刻が数多く見られる。

▲プランバナン寺院遺跡群はインドネシア最大級のヒンドゥー教遺跡。9世紀ごろに古マタラム王国によって建立された。

▲バリ島の棚田とヤシの木の景観。バリ島では、伝統的に「スバック」という組織をつくり、各水田に配分される水の量を管理している。

現地取材！ 世界のくらし 7

インドネシア

文・写真：常見藤代　監修：倉沢愛子

ロンボク島の山間部でココナツの実を手に歩く女性。

現地取材! 世界のくらし ❼

インドネシア

もくじ

- ●スラマッ パギ
  おはようございます
- ●スラマッ シアン
  (正午〜午後4:00)こんにちは
- ●スラマッ ソレ
  (午後4:00〜6:00)こんにちは
- ●スラマッ マラム
  こんばんは

動画が
見られる!

自転車に乗って買い
物に行く姉妹。

赤はインドネシア人
女性に人気のある色。

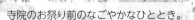

寺院のお祭り前のなごやかなひととき。

ロンボク島のお祭りで神さまへの
お供え物の動物を囲む男性たち。

◀こちらのサイトにアクセスすると、本書に掲載していない写真や、関連動画を見ることができます。

バリ島の清めの儀式で、寺院のご神体を海で清める。

お供え物をもって寺院に参拝にむかうバリ島の女性たち。

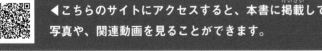

お祭りのために正装した女性たち。

市場でパンケーキを焼いて売る。

自然と気候

熱帯にある世界最大の島国

ジャワ島の農村風景。雨がたくさん降る高温の気候のため、1年に2回以上米が収穫できる。

1万8000の島じまからなる国

インドネシアは赤道をはさんで約1万8000の島じまからなる世界最大の島国です。日本からは飛行機で7時間くらいかかります。

国の東西のはばは5000km以上でアメリカ大陸よりも広く、すべての国土面積を合わせると、日本の約5倍になります。

国土の大部分が赤道周辺にあるため、気温は1年を通じて30℃前後です。雨がよく降る熱帯雨林気候で、季節は乾季と雨季に分かれます。乾季は5〜10月、雨季は11〜4月です。米は1年に2回以上収穫でき、野菜や果物、香辛料の栽培や漁業もさかんです。

インドネシアは火山が多く、噴火や地震がしばしば起きています。2004年のスマトラ島沖地震津波では、28万人以上もの死者・行方不明者が出ました。また、2018年8月にはバリ島のとなりのロンボク島でマグニチュード7の地震が発生し、500人以上が死亡しています。

▲多くの島じまからなるインドネシアは、海上交通が発達している。

▲バリ島の魚市場で、とれたばかりの魚を売る女性。市場は早朝がいちばん活気がある。

▲雨が多く、年じゅう温暖な気候のため、果物がよく育つ。市場では1年を通じて色とりどりの果物がならぶ。

▲ロンボク島でココナツの実を運ぶ男性。ココナツは結婚式の料理の材料に使われる。

インドネシアでは、通勤や通学の交通手段として、船がひんぱんに使われている。

信じる宗教をもつ人びと

国のあらまし

▲ジャカルタのイスティクラル・モスク（礼拝堂）で金曜日の集団礼拝をおこなう人びと。イスラム教徒にとって、金曜日の昼の礼拝はもっとも大切なものとされ、モスクに集まって礼拝することがよいとされている。イスティクラル・モスクは東南アジア最大のモスク。

宗教を信じるのが国民の義務

インドネシアの人口は約2億7000万人で、中国、インド、アメリカについで世界で4番目に人口が多い国です。

多くの島じまからなるこの国には、300以上のエスニック・グループ（民族集団）がくらしているといわれています。公用語はインドネシア語ですが、それぞれのエスニック・グループが独自の言葉と文化をもっています。使われている言語は200～400あるといわれています。

インドネシアはかつて海上交通の要所として栄え、さまざまな地域の人が行きかいました。そのときにヒンドゥー教、仏教、イスラム教が伝わったとされています。現在国民の90%近くがイスラム教徒で、世界でもっともイスラム教徒が多い国です。

国が認めている宗教には、イスラム教のほかに、キリスト教（カトリックとプロテスタント）、ヒンドゥー教、仏教、儒教があり、国民はいずれかの宗教を信じなければならないとされています。年に18日ある国民の休日のうち、11日は宗教関係の祝祭日です。

▲「ウェット・テル」の祭りで伝統衣装に身をつつんだ女性。

▲ロンボク島のバヤン地区の人びと。かつて島のほとんどの人が、イスラム教やヒンドゥー教などがまじりあった独特の信仰「ウェット・テル」を信じていたが、今ではこの地区の人びとだけとなっている。

▶バリ島の人びとは、この島独自のヒンドゥー教（バリ・ヒンドゥー教）を信じている。写真は、バリ島のバリ・ヒンドゥー教の寺院の創立を祝う祭りで、正装してお祈りをする女性たち。

バリ・ヒンドゥー教の寺院の祭りで、神さまにささげるお供え物を頭にのせて寺院に向かう女性たち。

都市郊外にくらす家族

かわら屋根のコンクリート住宅

アユンディラさんの家は、ジャワ島中部の都市ジョグジャカルタから北へ10kmほど行ったところにあります。周囲は田畑が広がり、川で子どもたちが水浴びをして遊ぶのどかな場所です。そのなかの古くからの住宅街に、アユンディラさんの家族がくらす鉄筋コンクリートの平屋の家があります。周囲には同じようなかわら屋根の家いえがならんでいます。

玄関でくつをぬいで家に入ると、居間に続くろうかがあり、その両側は寝室などになっています。ろうかをつきあたると、広い居間があります。奥には右手に台所が、左手にトイレと風呂場があります。

居間にはテーブルやテレビがあり、アユンディラさんは居間で家族とすごすことが多いそうです。

▲アユンディラさんの家族。左から、お父さん、お兄さん、アユンディラさん、お母さん。

▲玄関。暑いインドネシアでは、ふだんからサンダルばきの人が多い。

◀ペットの猫をだくアユンディラさん。

▲停電のため、ろうそくのあかりで勉強するアユンディラさん。インドネシアではときどき停電が起きる。

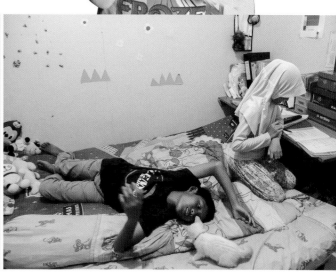

▲アユンディラさんは小学6年生。お兄さんは中学2年生。

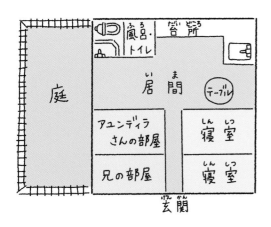

居間のようす。右奥にあるのが台所。手前のテーブルで食事をする。じゅうたんの上に座って食事をすることもある。

▼天井にとりつけられた扇風機。

▲スプーン立てやコップなど。手づかみで食べることも多い。

▲流しまわり。右にあるのは調味料。

▲床をそうじするお母さん。

▲洗濯物は中庭に干す。

ここに注目！

家の風呂場とトイレ

　インドネシアの庶民的な家庭の多くは、風呂場とトイレがいっしょになっています。たらいや浴槽に水をため、おけに水をくんで体に水をかけます。トイレは和式です。紙は使わず、おしりは水で洗います。

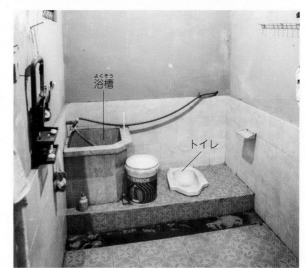

浴槽

トイレ

▲浴槽にためた水を水浴びとトイレに使う。

イスラム教徒のくらし

毎日モスクに行って礼拝

　アユンディラさんの家族は熱心なイスラム教徒です。お兄さんとお父さんは朝4時半に起きて、近所のモスク＊へ礼拝に行きます。モスクから帰ったらそうじや水浴びをして、朝ご飯を食べます。食べるのは焼きめしや、ご飯と野菜スープなどです。その後、お父さんが仕事に行くついでに子どもたちを学校に送ります。

　インドネシアの小学校は、午前中に授業が終わります。学校から帰ると、アユンディラさんはテレビを少し見たあと、お母さんと昼の礼拝をします。イスラム教徒は、1日5回礼拝をする義務があります。昼ご飯を食べて少し昼寝をしてから宿題、そして午後の礼拝をします。手伝いは、ご飯をつくったり、食べたあとの食器を洗ったりします。夕方6時ごろに1人で近所のモスクに行って、コーランの勉強をしたり、友だちとおしゃべりを楽しんだりします。

▲イスラム教の聖典「コーラン」を読むアユンディラさんとお母さん。

▲アユンディラさんのコーラン。1冊全部暗記している。

▲礼拝するお母さんとアユンディラさん。礼拝のときやコーランを読むときは、大きな布で体全体をおおう。これには、神さまへの敬意を表す意味がある。

コーラン

　コーランはイスラム教の聖典で、神であるアッラーの言葉が書かれています。アラビア語で書いてあり、インドネシア人もアラビア語で読みます。

イスラム教の礼拝

　イスラム教徒は1日5回礼拝する義務があります。5回とは夜明け前、正午、午後、日没時、夜。サウジアラビアにある聖地メッカの方向に向かって礼拝します。

　＊モスク：イスラム教の礼拝堂。

▲家の近所にあるモスク。

▲礼拝をする前に、必ず水で手足を洗う。

▲モスクに用意された布のなかから
好きなものを選んでかぶる。

▲モスクの中では男女別に礼拝する。

インタビュー

アユンディラさん

好きな科目は英語
と数学です。将来は
アニメーターにな
りたいです。

ふだん家の中ではスカーフを頭に
つけませんが、お兄さんの友だちが
きているときや、お客さんがいると
きはつけます。イスラム教では、女
性は家族以外の男性の前で髪をかく
すのがよいとされているからです。

私は小学1年生のときからかぶって
いて、今は、10枚くらいスカーフ
を持っています。何歳からスカー
フをつけるというきまりはありま
せん。幼稚園に入る前からつけて
いる子どももいます。

住居と習慣③

田園地帯にくらす家族

洗濯も料理も井戸水で

　ジョグジャカルタ郊外にあるダフィックさんの家を訪れました。まちの中心から北へ20kmほど行ったところにあります。鉄筋コンクリートでできた大きな平屋の家です。

　お父さんは自分の畑でパパイヤやスイカ、メロンやトウガラシを栽培し、いろいろな青果店に出荷しています。

　家の台所には井戸があります。インドネシアでは井戸がある家庭が少なくありません。とくにこのあたりは、近くのムラピ山から降りてくる豊富な地下水のおかげで、地面を少しほると水がわき出てきます。この家では洗濯も料理も井戸の水を使います。

▲ダフィックさん（中央）とお父さん（左）、お母さん（右）。

▲居間はゆったりとした広さがある。

▼玄関前のテラス。インドネシアにはテラスがある家が多い。

▼トラックはお父さんが農作物を運ぶためのもの。

▲食器を洗ったり料理したりするときには井戸水を使う。

▲洗濯は手洗いでおこなう。
このときも井戸水を使う。

ダフィックさんの1日

学校のある日は朝4時ごろに起きて、まず宿題をします。先生が毎日4時半にスマートフォンを通じて宿題を出すからです。宿題が終わったら礼拝し、朝ご飯を食べます。ご飯とスープなどです。そしてお母さんがつくってくれたお弁当を持って学校へ行きます。

ダフィックさんの趣味は魚の飼育です。毎日お母さんから5000ルピア（約40円）のおこづかいをもらい、お菓子を買ったり好きな魚を買ったりします。

学校から帰ったら、近所の子と自転車に乗ったり、お父さんと庭でバドミントンをしたりします。皿洗いや、そうじなどのお手伝いもします。水槽の中をそうじすることもあります。夜は家族そろってテレビを見てすごし、夜9時ごろにねます。

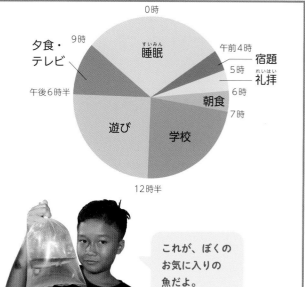

睡眠
宿題
礼拝
朝食
学校
遊び
夕食・テレビ

0時
午前4時
5時
6時
7時
12時半
午後6時半
9時

これが、ぼくのお気に入りの魚だよ。

▲放課後はお父さんの畑仕事を手伝うことも多い。

▲買ってきた魚を水槽の中に入れる。

▲夜は家族そろってテレビを見る。

米が主食

食と習慣①

欠かせないテンペとサンバル

インドネシアの小学校は午前中に終わるため、子どもたちは家で昼ご飯を食べます。

主食は米です。おかずはおもに、野菜のスープやいため物、とり肉を焼いたものなどです。陶器やプラスチックのお皿にご飯を盛り、その上におかずをのせて食べます。

テンペ（→15ページ）やタフ（豆腐）など

の大豆食品もよく食べます。タフは豆乳に凝固剤を加え、圧力をかけて固めたものです。日本の豆腐よりもかたくて黄色く、日もちがします。これを煮たりいためたりして食べます。

イスラム教ではブタは不浄の動物だとされ、食べることが禁止されています。ぶた肉だけでなくブタのあぶらも使ってはいけません。

水道水や井戸の水には菌がいることがあるため、必ずわかして高温殺菌してから飲みます。

インドネシアでは床に座って食べる家庭が多い。水槽にはダフィックさんのお気に入りの魚たちがいる。

食事は右手で

インドネシアではスプーンとフォークで食べる人もいますが、手で食べる人も多く、その場合は右手だけを使います。イスラム教では左手は不浄の手とされているからです。

手で食べる場合、ご飯はにぎって固めたりせず、そのまま口に運びます。インドネシアの米は細長くねばりけが少ない品種（インディカ米）なので、にぎっても固まりません。

▲野菜をゆでて、パパイヤをまぜた料理。

▲とり肉をあまいしょうゆソースでいためた料理。

▲空芯菜という野菜をいためた料理。

テンペ

大豆からつくられる発酵食品「テンペ」は、この国の伝統的な食品です。大豆を発酵させてつくる点は納豆と同じですが、繁殖させる菌がちがいます。テンペは煮た大豆に、クモノスカビという菌を繁殖させてつくります。納豆とちがって糸はひかず、においはあまり強くありません。揚げる、いためる、煮るなど、さまざまな調理方法で食べられます。

▼市場で売られているテンペ。

▼テンペはころもをつけて揚げることもある。

▲揚げたテンペは家庭の日常食。

サンバル

インドネシアの家庭では、毎日欠かさず「サンバル」というからいペースト状の薬味を食べます。「これがないとものたりない」とインドネシア人は言います。生野菜などにつけて食べたり、スープやいため物の味つけに加えます。

サンバルは各家庭で手づくりします。材料は家庭や地方によってさまざまで、基本はトウガラシ、ニンニク、塩、砂糖などです。それらをチョベという小さな石臼でつぶしてペースト状にします。

▼サンバルの材料となる赤トウガラシなど。

▼サンバルはチョベで材料をつぶしてつくる。

▲サンバル。料理につけたり、そのまま食べたりする。

食と習慣②

安くておいしい庶民の味

この店では、客は好きな料理を好きなだけとって食べる。

▲自分でつくったおかずを家の前で売る女性。

▲レストランの店先に、さまざまなおかずが売られている。

テンペ

▲テイクアウトしたご飯とおかず。テンペもそえられている。

気軽に楽しく 外食やテイクアウト

　インドネシアでは外食やテイクアウトがさかんです。自分でつくるよりも手軽で、値段も安いからです。まちなかには手ごろな値段で食事ができる庶民的な食堂がたくさんあります。店先にさまざまなおかずがならび、好きなものを選んで食べます。テイクアウトも可能です。

　住宅街の路地では、自分の家でつくったおかずを売る女性もいます。お菓子や軽食を売る行商人などもやってきます。売っているのは揚げたバナナやサツマイモ、テンペやタフ、ガドガド（ゆで野菜のサラダ）などです。

サテが人気

外食やテイクアウトで人気があるのが「サテ」という焼きとりです。日本のものとちがってあまからいピーナツソースで味つけしてあります。

飲み物はお茶やコーヒーが一般的です。インドネシアの人たちは、砂糖をたっぷり入れて飲みます。

▲お菓子のテイクアウトも多い。

▲米粉と砂糖などを練りあわせたお菓子。

▲揚げたバナナやドーナツなどを売る屋台。

▲ビニール袋に入った豆乳。

▲サテ（焼きとり）。屋台でよく売られている。

▲魚のフライ。

▲インドネシアでは国産のコーヒーがよく飲まれる。

ここに注目！ 各地で特色ある料理

多数の島じまからなるインドネシアには、地域によって料理に特色があります。インドネシアのなかでもっとも有名なのがスマトラ島西部のパダン料理です。小皿に盛った料理をテーブルにずらりとならべ、好きなものだけを選んで食べるスタイルです。

日本人にも人気の観光地として知られるバリ島では、ヒンドゥー教を信じている人が多いため、イスラム教では禁じられているブタを食べます。ブタ料理では、子ブタの丸焼きなどが有名です。

ジャワ島の料理は、ヤシ砂糖、ピーナツ、ココナツミルクなどを使ったあまくコクのある味つけが特徴です。

▶子ブタの丸焼き。

都市の交通事情

まちとくらし①

▲ジャカルタの中心部には近代的な高層ビルがたちならんでいる。

渋滞と通勤ラッシュ

多数の島じまからなるインドネシアは、島と島を結ぶ船の便が発達しています。まちとまちを結ぶ交通はバスや鉄道があります。

しかし市内では鉄道網がそれほど発達していません。そのため大きな都市では道路に車があふれ、渋滞がはげしくなっています。

首都ジャカルタは人口1000万人をこえる大都市で、その人口は今もふえつづけています。朝夕の通勤ラッシュは深刻な問題です。渋滞を緩和するため、「トランスジャカルタ」という専用レーンを走るバスが導入されています。

▲バイクや車であふれるジャカルタのまち。

▲交通部門の警察官。交差点などで交通整備にあたっている。

▲運輸省の係員。交通違反がないかなどをチェックしている。

いろいろな乗り物で あふれる道路

まちにはバスやタクシー、自家用車が走るほか、昔ながらの乗り物である馬車やバジャイとよばれるオート三輪タクシー、ベチャとよばれる三輪自転車などさまざまな乗り物が走っています。

近年人びとの間でよく利用されているのが「ゴジェック」とよばれるタクシーやバイクです。スマートフォンのアプリを使ってよびだすもので、ふつうのタクシーやバイクタクシーにくらべて値段が安いこともあり、最近は利用者がふえています。

▲ベチャ。ジャカルタでは最近見ることが少なくなった。

▼ジャカルタ市内を走るタクシー。

▼バジャイ。料金は乗る前に交渉する。

▲専用レーンを走るバス「トランスジャカルタ」の女性専用車。

▲アプリでよびだすタクシー「ゴジェック」。バイクや車がある。

馬車。ジャカルタでは少なくなったが、地方の都市では日常の交通手段としてよく利用されている。

庶民の買い物の場所

市民の台所「パサール」

インドネシアの都市部には大型のショッピングモールがたくさんありますが、人びとが食材を買うのはおもに「パサール」とよばれる伝統的な市場です。ここに近隣の農家の人びとが、収穫したばかりの野菜や果物を運んできて売ります。パサールはスーパーマーケットやデパートよりも食材が新鮮で値段が安く、交渉しだいでさらに安くなることもあります。

パサールは朝4時くらいに開きます。もっともにぎわうのは朝の5時から6時くらいです。早い時間には新鮮な食材が手に入るため、みんなが朝いちばんにパサールへ行くのです。

パサールでは、日本にはない野菜や果物がたくさん売られています。熱帯の国インドネシアでは果物の種類が豊富で、とくに雨季や雨季明けに、多くの種類の果物がならびます。

動画が
見られる！

▲パサールではいつも新鮮な野菜や果物が売られている。

路地に多い個人商店ワルン

住宅街の路地には「ワルン」という個人商店があります。ここでは米から洗剤やタバコなどにいたるまで、生活に必要なものがほとんど手に入ります。

路地には食べ物を売る屋台も出ています。菓子パンを売る屋台がくると、あちこちの家から子どもたちがとびだしてきて、順番にお目あての品を手にとります。

▲スナック菓子などを売る屋台。

お菓子の屋台で、好きなものを選ぶ。

住宅街にあるワルンは"なんでもショップ"

▲インスタントコーヒーなど。そのほか、洗剤やシャンプーなど生活用品も小分けにして1回分ずつ売られる。

▲野菜。

▲タフ。

▲「クルプック」とよばれるスナック菓子。

▲カップラーメン。

公立小学校をたずねて

インドネシアの子どもたちは陽気で人なつこい。公立小学校の制服は、上が白で下がえんじ色。

学校は月曜日から土曜日まで

　ジョグジャカルタから北に20kmほどはなれた、周囲に田畑が広がるところに、公立の小学校、パケム第4小学校があります。生徒数は全部で180人。1クラスの児童数は約30人で、1年生から6年生まで各学年1クラスだけです。この学校では授業は無料、教科書も無料です。

　授業があるのは、月曜日から土曜日までです。朝7時に授業が始まり、昼ごろに終わります。朝6時40分くらいになると、子どもたちが登校してきます。親がバイクで子どもを送りむかえします。

　授業はすべて公用語のインドネシア語でおこなわれます。土曜日には、現地で話されるジャワ語の授業があります。子どもたちは家庭ではジャワ語を話します。

　この学校にはイスラム教徒の児童のほか、キリスト教のプロテスタントが2人、カトリックが20人、ヒンドゥー教徒が1人います。宗教の科目を学習するときには、それぞれの宗教に分かれて授業を受けます。

▲ 親がバイクで送りむかえしている。

▶ 学校についたら必ず親にあいさつして別れる。相手の手を自分のひたいにつける。

▲ 子どもたちの登下校に合わせて、学校の外に軽食の屋台が出る。インドネシアでは、学校の休み時間におやつを食べる。

▼校舎に学校の名前が書かれている。

▲休み時間に校庭で遊ぶ子どもたち。

インドネシアの学校制度		入学年のめやす
就学前教育	幼稚園前の幼児教育（パウド）	2歳
	幼稚園（TK）	4歳
初等教育	小学校6年間	6歳
中等教育	中学校3年間、高校3年間	12歳
高等教育	大学4年間（3年制の短期大学や5年制の大学もある）	18歳

インドネシアは日本と同じ6・3・3制で、義務教育期間は小学校・中学校の9年間。小学6年生になると4月に全国共通試験があり、その試験によって入学できる中学校が決まる。

インタビュー　動画が見られる！

スリカナ校長先生

　私はパケム第4小学校の校長をしているスリカナです。校長になってまだ1年です。

　この学校では、勉強が苦手な子どものために、特別に1週間に2回、放課後に先生が教えます。

　最近では子どもに携帯電話を持たせる家庭も多いですが、学校では使用禁止です。さいわい、この学校にはいじめはほとんどありません。

学校生活②

授業と学校の1年間

動画が
見られる!

6年生の授業。1つの机に男の子どうし、女の子どうしで座る。

平日の授業と休日

　インドネシアの小学校は7月から始まり、6月に終わります。学年末に20日間ほどの休みがあります。

　それ以外にもいろいろな宗教の祭日があります。もっとも長いのはラマダン明けの休みです。ラマダンとはイスラム暦の9番目の月のことで、イスラム教徒はラマダン月の1か月間、日の出から日の入りまで飲食をしない義務があります。ラマダンが終わると2週間の休みになります。イスラム暦は太陰暦*のため、ラマダンの時期は毎年ちがいます。学年末の休みとラマダ

ン明けの休みが重なると、1か月くらいの休みになることもあります。

6年生の時間割						
		月	火	水	木	金	土
1	7:00〜7:35	朝礼	数学	数学	＊	＊	スポーツ
2	7:35〜8:10	＊	数学	数学	＊	＊	スポーツ
3	8:10〜8:45	＊	＊	＊	＊	＊	スポーツ
休けい							
4	9:05〜9:40	＊	＊	＊	＊	＊	スポーツ
5	9:40〜10:15	英語	＊	＊	宗教	＊	ジャワ語
6	10:15〜10:50	＊	＊	＊	宗教	読書	ジャワ語
休けい							
7	11:20〜11:55	＊	＊	＊	宗教	＊	＊

＊は復習や自習の時間。この学校では、自習時間に理科などの科目を勉強することになっている。学校によっては土曜日が休みのこともある。

24　　＊太陰暦：月の満ち欠けをもとにした暦

先生の質問を受けて元気に手をあげる。

▼理科の教科書。

▼理科の教科書のページ。

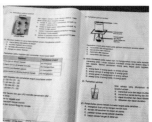

▲鉛筆けずりを机の上に置いている子どももいる。

▲ノート。インドネシアでもプリンセスは女の子に人気。

▲授業中でも、カメラを向けると必ずピースサイン。

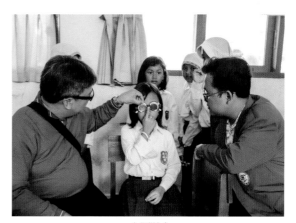
▲この学校では、年に1回視力検査がある。

▲スカートの長さが子どもによってちがう。スカートが長いのはイスラム教徒の子ども。

▲この学校では、週1回踊りの授業があり、校外から先生が教えにくる。

休み時間と礼拝の時間

休み時間は外で遊んだり おやつを食べたりする

　休み時間には、子どもたちは外で遊んだり、おやつなどを食べます。家からお弁当を持ってくる子どももいれば、売店や屋台でお菓子や軽食を買う子もいます。軽食はインスタントラーメンや肉だんごなどです。インドネシアでは、たいていどの学校にも売店や屋台があります。

▲休み時間にろうかではしゃぐ子どもたち。

▼屋台でチーズ入りたこ焼きを買う。

▲ゴムとび遊びは女の子に人気がある。

▼あまからいタレのかかったとり肉の焼きだんご。

▼屋台で肉だんごを買う。

▲売店で売っているお菓子や焼きそば。

放課後の礼拝

すべての授業が終わると、昼の礼拝の時間です。校内の小さなモスクで、希望する子どもだけが礼拝をします。

礼拝の前には、必ず手や足などを洗って体を清めます。そして女の子たちは大きな布を頭からかぶります。礼拝の時間は神さまに会う時間なので、体を清潔にして、きれいな布をまとうのです。礼拝では男の子が前列にならびます。

▶礼拝は男女別で、横にならんでおこなう。

▼モスクの壁にはられた礼拝の動作の順番を示す表。

▲礼拝の前には手足を水で洗い、清める。写真は清めが終わったあとのようす。

▼清めが終わったら大きな布を頭からかぶる。

子どもの遊び

人気の遊びと音楽・踊り

みんな外遊びが大好き

　インドネシアの子どもたちにいちばん人気がある遊びは、ボールけりです。学校の休み時間になると、男の子たちはいっせいに外に出て、ボールをけりはじめます。放課後や休みの日は、近所の路地や公園でボールをけって遊びます。ほかになわとびや自転車、川遊びなど日本でもなじみのある遊びもさかんです。

▲学校の休み時間は、男の子はボールけりをして遊ぶことが多い。

▲路地は子どもたちの遊び場になっている。

▲公園でローラースケートで遊ぶ。　▲公園で竹馬にのる。

暑いインドネシアでは川遊びをする
子どもも多い。

伝統芸能を継承

インドネシアの各地で、特色ある踊りや芸能が伝えられています。とくにバリ島は音楽や踊り（バリ舞踊）がさかんで、子どもたちはすすんで踊りを習っています。踊りの内容は男の子と女の子でちがいます。

踊りといっしょに演奏されるのがガムランです。ガムランはバリ島やジャワ島で発展した伝統的な合奏音楽で、金属や竹でできた打楽器で演奏されます。ガムランは、以前は男性だけが演奏するものでしたが、今は女性も多数演奏しています。バリ島の各地の村では、男の子たちが集まってガムランの練習にはげんでいます。

▲バリ島では観光客向けにさまざまな舞踊の公演がおこなわれている。

▲バリ島の村の集会所でガムランを練習する男の子たち。

動画が見られる！

バリ舞踊は、目や指先、顔や肩の細かな動きが特徴的。

休日のレジャーと人気スポーツ

休日は家族で公園やビーチへ

　インドネシアでは、一般的に土曜日・日曜日が休日です*。休日には家族で公園や動物園などのレジャー施設に出かける人たちが多くいます。

　また、海に面したジャカルタでは、休日のビーチは、水遊びをしたり、海岸でピクニックをしたりする家族づれでにぎわいます。

　日曜日の午前中は、ジャカルタの中心部にある大通りが歩行者天国になります。ここにおもちゃやお菓子を売る露店がたくさん出て、多くの家族が買い物を楽しみます。車が通らない広い道路でサイクリングをしたりジョギングをしたりする人たちのすがたも見られます。

＊学校によっては、土曜日にも授業がある。

▲女の子たちは髪をかくし、肌を出さない服装でプールに入る。

▲ジャカルタで毎週日曜日におこなわれる歩行者天国。

▲ビーチにレジャーシートをしいてピクニックする家族。

▶ジャカルタ北部のビーチは、水遊びをする親子で夕ぐれどきまでにぎわっている。

人気スポーツはバドミントン

インドネシアの国技はバドミントンです。バドミントンのラケットをもつ家も多く、家族でバドミントンを楽しんでいます。インドネシアの国民的スポーツともいえます。

空手も人気があります。男の子だけでなく女の子もたくさん習っていて、「空手を習ってから自分に自信がもてた」という子どももいます。

最近若い人たちの間で流行しているのが自転車です。各地で自転車の競技大会などもおこなわれています。

▲家の前でバドミントンをして遊ぶ親子。

◀まちのバレーボールクラブが練習しているようす。

▶休日におこなわれた自転車の競技大会。

▼「自分で自分の身を守りたいから」という理由で空手を習う子どもも多い。

私は踊りよりも空手のほうが好き！

小学2年生のときから習っています。

しずかなバリ島の新年

ムラスティの儀式のために海辺にやってきた村人たち。

▶花のお供え物。

▲ふだんは寺にまつられているご神体が海辺にならぶ。

▲海の神さまに祈りとお供え物をささげる。

外出も料理も禁止される日

バリ島のもっとも大きな祭りは、サカ暦というヒンドゥー教の暦の正月にあたる「ニュピ」です。この日は働くことも外出も禁止され、飛行機の離着陸も禁じられて空港は閉鎖されます。家の中で火を使うことも電気をつけることもできません。人びとは家の中でしずかに瞑想してすごすのです。

ニュピの2日前に「ムラスティ」という清めの儀式がおこなわれます。それぞれの村の寺院にまつられているご神体と村人自身の身を海で清めるため、村人たちはみなで海岸に移動します。そして海の神さまに祈りとお供え物をささげ、おだやかな新年をむかえられるように祈ります。

ニュピの前日には「オゴオゴ」という悪霊ばらいの祭りがおこなわれます。各村落ごとに悪霊をモチーフにした人形をつくり、オゴオゴ当日に人形をみこしにのせてまちのなかをねり歩きます。悪霊たちをめざめさせ、追いはらうための儀式ですが、これは人びとが楽しむ大きな祭りでもあります。オゴオゴが終わり、日がしずむと家のあかりはすべて消され、夜空には星だけが残ります。

▲できあがった大きな人形が、オゴオゴ当日の出番を待っている。

▲人形の形相は迫力満点で、見ていてあきない。

動画が見られる!

◀バリ島の南部の都市デンパサールのオゴオゴは、島でもっとも盛大におこなわれる。

33

結婚式は村全体のイベント

村人たちで式場づくり

インドネシアの結婚式は、都市部ではホテルやレストランでおこなわれることもありますが、農村部では新婦や新郎の自宅でおこなわれます。式場づくりは、村人たちが集まってみんなでおこないます。式当日の食事も、新郎・新婦の家族や親せきが協力してつくります。

結婚式は村人どうしの交流の場でもあり、ほとんどの村人が参加します。披露宴に招かれた人は、好きな時間に来て新郎・新婦とあいさつを交わし、食事をすませたら好きな時間に帰ります。イスラム教徒は飲酒が禁止されているため、インドネシアのほとんどの結婚式ではお酒が出されることはありません。

ご祝儀はお金のほか、食器やシーツなど新生活に必要なものをおくることもあります。会社などでは、社員がお金を出しあってプレゼントを買うこともあります。

インドネシアの結婚は家と家の結びつきが強く、長男以外であっても、結婚したら親と住むことが多いです。

新郎・新婦と新婦の友人たち。花よめは髪や肌をかくす衣装を着る。この日は友人たちが結婚式の受付や食事の配膳をした。

▲招待客がプレゼントを持って式場に訪れる。

▲新郎から新婦にプレゼントをわたす。

▲ナシクニン（お祝いのときに食べる黄色いご飯）を食べさせあい、きずなを確認する新郎・新婦。

▲米を手わたす儀式。「2人が食べ物にこまることがないように」という意味がある。

▲おたがいの両親とかたいきずなを誓いあう。

ここに注目！

結婚証明書を作成

　インドネシアの結婚式では、新郎と新婦の間で結婚証明書と婚姻届けを作成します。婚姻届けは、結婚式が終わってから役所に提出します。

▶結婚証明書にサインする新婦。

▼結婚証明書を手にした新郎と新婦。

バリ島のくらし

バリ島独自のヒンドゥー教

イスラム教徒が多くをしめるインドネシアのなかで、バリ島の人びとだけは、「バリ・ヒンドゥー教」という独自の宗教を信じています。これはバリ島にもともとあった信仰と、インドからもたらされたヒンドゥー教がまじりあったものです。

バリ・ヒンドゥー教では身のまわりのいろいろなものに神さまがやどるとされ、人びとは毎日、寺院、家、道ばたなどあちこちにチャナンというお供え物をささげます。

バリ島の村（行政村）は、さらにいくつかの村（慣習村）に分かれ、慣習村には一般的に3つの寺院があります。島全体としては2万以上の寺院があるといわれています。それらひとつひとつに創立を記念する祭りがあるため、バリ島では毎日どこかで祭りがおこなわれています。

バリ・ヒンドゥー教では、ふだんは寺に神さまはおらず、祭りのときにだけ寺に降りてくると考えられています。そこで祭りのときは、神さまのために音楽や踊りなどの伝統芸能をささげます。そして世界の平和や災いのない世の中を祈るのです。

神さまへのお供え物を頭にのせて寺院へ向かう。

▲バリ・ヒンドゥー教の総本山、ブサキ寺院。大小30ほどの建物が集まる、バリ島でもっとも古く重要な寺院。

▲バリ島の人びとは毎日、家の中や道などさまざまな場所にお供え物（チャナン）をささげる。

▲田んぼにお供えをする。米は神さまからのおくり物と考えられている。

▲寺院の祭り。集まった人びとは、僧侶から聖水をかけてもらう。

動画が見られる！

▲踊り手はプロではなく、ごくふつうの村人たち。

▲寺院の祭りで演じられるケチャダンス。祭りでは、神さまにささげるためいろいろな舞踊が演じられる。

田をたがやすくらし

バリ島の棚田。水が足りなくならないよう、となりあう田んぼでべつべつの時期に田植えをおこなう。

稲作がさかんな国

インドネシアでは働く人の約40％が農業を営んでいます。そのなかでも稲作は、この国にとって重要な産業です。インドネシアは、米の生産量では、中国、インドについで世界で第3位をほこります。

とくに稲作がさかんなのがジャワ島やバリ島です。ジャワ島では、島全体にスメル山やムラピ山など、いくつもの火山が連なっており、火山の噴出物が栄養分の豊かな土をつくるからです。また、1年を通して温暖な気候で、たくさんの雨が降ることも、熱帯性の植物であるイネの成長を助けています。バリ島東部のアゲン山は現在も活発に噴火をくり返しています。

バリ島は起伏にとんだ地形のため、水田の多くは棚田になっています。バリ島では昔から水路や柵で集められた水を公平に分配する「スバック」というシステムが形成され、今日までずっと続いています。これによって、1年に3回の収穫が可能になっています。

しかし農業は収入が多い仕事ではないため、最近は若い担い手が少なく、農家人口が減少しています。

▲バリ島では田植えは手作業でおこなわれている。

▲田んぼの近くで休けいする家族。

▲農作業の合い間のひと休み。姉妹は朝8時から夕方5時まで働く。

▼以前は牛を農作業に利用していたが、今は機械にとってかわられつつある。

▲イネのもみがらを風でとばして脱穀する。

▲お弁当のおかずであるとり肉の煮こみ料理。

農家さんのお弁当

▲ご飯は、もち米にココナツとサツマイモをまぜて炊いたもの。

伝統的な産業をたずねて

美しい布「バティック」

インドネシアでは古くからジャワ島を中心に「バティック」という布がつくられてきました。バティックは、色をつけない部分にとかしたロウをぬって染めるのが特徴です。

もようのつけかたには、手がきでえがく方法と「チャップ」という銅製のスタンプを使う方法があります。手がきは、ロウを少しずつたらして細い線をえがくため、とても時間がかかります。

バティックは11〜12世紀ごろにインドからジャワ島に伝わり、独自に発展しました。最初は王族の人びとの衣装だけに用いる高級品でしたが、19世紀になって庶民もバティックを身につけることが許され、またチャップが発明されてからは大量につくられるようになりました。

バティックは2009年に無形文化遺産に登録されています。

▲バティックのもようは、各地で特色がある。

▲バティックの工房で働く女性。毎日朝9時から午後3時まで働く。

▼鉛筆で下がきした上から、「チャンティン」という道具を使って、ロウで細い線をえがく。

▼手がきをおこなうのは、ほとんどが女性。細かい作業は女性のほうが向いているからだという。

◀もようをえがく材料のロウ。

▶チャンティン。細い管の先端からロウが少しずつ出るようになっている。

▲チャップ。銅でつくられているのは、保温性が高く、ロウをつけても劣化しにくいため。

▲布を染料にひたしたあと、ロウを洗いおとす。

▲チャップによるもようづけでは、いかにつぎ目を目だたせないようにおすかが、職人のうでの見せどころ。

伝統演劇「ワヤン」

「ワヤン」はジャワ島の宮廷から生まれたインドネシアの伝統演劇です。10世紀以降、インドの古代叙事詩『マハーバーラタ』や『ラーマーヤナ』がストーリーにとり入れられ、この国の風土や歴史のなかで独自に発展してきました。

ワヤンには人形を用いるものや複数の役者が舞台上で演じるものなど、さまざまな形態があります。そのうち、水牛の皮でつくった人形や、それを使って演じられる影絵芝居を「ワヤン・クリ」といいます。ワヤンは2003年に無形文化遺産に登録されています。

▲ワヤン・クリの人形は水牛の皮でできている。

▲ワヤン・クリの制作。水牛の皮を細かく彫りあげる。

▼スクリーンの裏で人形をあやつる人。1人で複数の人形をあやつる。

▼ワヤン・クリは、伝統音楽ガムランの演奏とともに上演される。

▶ワヤン・クリの上演。白いスクリーンに光を当てて、人形の影を映す。

地震や噴火の多い国

奥に見えるのは、バリ島の活火山であるアグン山。ひんぱんに噴火をくり返している。

火山がもたらす災害

インドネシアは地震や津波、火山の噴火など自然災害が多い国です。ほとんどの島の中腹に、活火山と活断層が横たわっているためです。活火山は129あり、そのうち17の火山が活発に活動しています。多くがジャワ島・バリ島などの人口の多い地域に存在しているため、これまで多くの人びとが被害を受けてきました。

なかでもジャワ島中部にあるムラピ山はもっとも活動的な火山のひとつで、これまで多くの噴火をくり返してきました。2010年の噴火はとくにはげしく、噴火の被害によって300人以上の人びとが死亡しました。しかし今も多くの人が火山のふもとでくらしています。火山灰でできた土には栄養分がたっぷりふくまれていて、農作物がよく育つからです。

インドネシアでは、こうした自然災害のリスクに備え、火山爆発を発生前に知らせる警報システムを導入したり、津波発生予測データベースを作成したりして、安心して人びとがくらせる地域づくりに力を入れはじめています。

ジョグジャカルタ近郊にあるムラピ火山博物館。
火山の歴史が多くの写真や模型で紹介されている。

▲2010年の噴火のときは、ムラピ山から約25kmのジョグジャカルタ市街でも火山灰が降りつもった。

▲火砕流の中から見つかったバイク。

▲世界の火山噴火のようすを紹介する写真。日本の雲仙・普賢岳も紹介されている。

▲噴火が起きた場合の避難方法を説明する絵。

▲火山灰をかぶった日用品の展示。

▲暴風雨でなぎたおされた木。

▲大雨が降り、雨水が川のように流れる。

日本と長い歴史のある友好国

日本と関係の深い貿易・交通

インドネシアと日本は1958年に国交を樹立して以来、60年にわたり友好な関係を築いてきました。日本は、インドネシアから石油や天然ガス、エビなどを輸入し、また日本はインドネシアに対してジャカルタ鉄道、パダン空港などの建設を支援するなど、両国は深いつながりを保ってきました。

現在インドネシアで走っている自動車やバイクの約95%が日本製です。ジャカルタ近郊を走る多くの鉄道には、かつて日本で使われていた鉄道車両が使われています。

2019年4月には、インドネシアで初めての地下鉄をふくむジャカルタMRT（都市高速鉄道）が開通しました。これは日本のJICA（国際協力機構）が、計画から建設まで全面的に支援したものです。

◀MRTの車内では、スマートフォンに見入っている人のすがたが目だつ。

▲ジャカルタMRTの駅のホーム。

▲日本の建設会社が開発した、ジャカルタのスナヤン地区。ショッピングモールやホテルなどがある。

日本食とアニメが人気

近年は日本食が庶民の間でも人気で、牛丼店や寿司店、ラーメン店などがひじょうに繁盛しています。また「ドラえもん」や「ドラゴンボール」、「ONE PIECE」といった日本のアニメや漫画の人気も高く、両国の関係はこれからますます深まっていくことでしょう。

▲牛丼店の吉野家は行列ができるほどの人気。ジャカルタ中心部のショッピングモール内に入っている。

▲テイクアウトの寿司を売る店。

▼たこ焼きの路上販売車。

インドネシア基本データ

正式国名

インドネシア共和国

首都

ジャカルタ

▲首都ジャカルタ中心部のまちなみ。

言語

公用語はインドネシア語。インドネシア語はマレー語とほとんど同じ。そのほか各地の民族が独自の言語をもち、使われている言語は200～400あるといわれている。

民族

大半がマレー系の人びとで、ジャワ、スンダ（西ジャワ）、バタック（北スマトラ）など300以上の民族からなる。ほかに中国系の人びとも約5％いる。

宗教

おもな宗教はイスラム教で、約87％をしめる。ほかに、キリスト教のプロテスタント（7.0％）、カトリック（2.9％）、ヒンドゥー教（1.7％）、仏教（0.7％）など。

▲ロンボク島にあるモスク。

通貨

100ルピアは約0.8円（2020年1月時点）。紙幣は500、1000、5000、1万、2万、5万、10万ルピア。硬貨は25、50、100、500、1000ルピアがある。

▲2020年1月現在、インドネシアで使われている硬貨と紙幣（一部）。

政治

政治体制は共和制で、元首は大統領。2004年から国民の直接選挙になった。大統領の任期は5年で、3選は禁止。国会は一院制で、国民投票で5年ごとに議員が選ばれる。国会の上に国民協議会があり、国会議員と地方議会議員からなり、大統領選挙の結果や国会の決定を承認する。

産業

石油、天然ガス、木材、ゴム、コーヒー、やし油、米、キャッサバなどを産出し、これらに関係する鉱業、林業、農業、水産業が発達している。また二輪車などの輸送機器や飲食品などを製造している。

貿易

輸出総額 1687億ドル（2018年）

おもな輸出品は工業製品、原材料と燃料、食料品など。おもな輸出先は中国、アメリカ、日本など。

輸入総額 1569億ドル（2018年）

おもな輸入品は工業製品、原材料と燃料、食料品など。おもな輸入先は中国、日本、タイなど。

日本への輸出 2兆3848億円（2018年）

おもな輸出品は石炭、液化天然ガス、金属鉱および金属くず。

日本からの輸入 1兆7433億円（2018年）

おもな輸入品は一般機械、輸送用機器、電気機器など。

軍事

（2019年）

正規軍 39万6000人

兵役は志願制。大統領が最高指揮権をもっている。

インドネシアの歴史

仏教やヒンドゥー教の繁栄

今から約2万年前に、現在のインドネシア人の祖先が何度かに分かれてアジア大陸方面からやってきた。

5世紀ごろ、インドからヒンドゥー教や仏教が伝わり、これらの宗教を信仰する王国がジャワ島各地につくられた。8～10世紀初めにかけて、ヒンドゥー教を信仰する古マタラム王国がジャワ島中部ジョグジャカルタ付近に栄えた。この王国はプランバナン遺跡を残した。そのとなりには仏教を信仰するサイレンドラ王国が栄え、ボロブドゥル遺跡が築かれた。その後、サイレンドラ王国は古マタラム王国の支配下に入った。13世紀末から16世紀初頭にかけて、ヒンドゥー教を信仰するマジャパイト王国がジャワ島中部に栄えた。

▲バリ島にあるヒンドゥー教寺院の境内。

イスラム教の到来とオランダの支配

13世紀末に交易とともにイスラム教が伝わり、ジャワ島各地にイスラム教の国ができた。

16世紀になると、インドネシアの香辛料を求めてポルトガルやスペイン、オランダなどヨーロッパの国ぐにがやってくるようになった。各国は香辛料を求めて争い、オランダが勝利した。オランダは1602年に香辛料などの交易品をあつかう「オランダ東インド会社」を設立し、その施設をバタビア（現在のジャカルタ）につくった。1798年に東インド会社は解散したが、オランダはひきつづきインドネシアを植民地支配下においた。そして、サトウキビ、タバコ、コーヒーなどの強制栽培をおこない、大きな利益を得た。それに対するインドネシア国民の反乱や戦争が各地で起こった。

▲まちを走る三輪タクシー「バジャイ」（手前）とオランダ植民地時代の建物（奥）。

日本の統治と独立

1939年から1945年まで続いた第二次世界大戦において、日本は1941年12月に真珠湾でアメリカ軍を攻撃し、軍隊を南にも進め、マレー半島、シンガポール、フィリピンなどを占領した。翌年3月にジャワ島に上陸し、オランダ軍をやぶってインドネシアを占領した。その後インドネシアはきびしい日本軍の統制のもとにおかれた。

1945年、日本が戦争に負け、その2日後にインドネシアの政治家であるスカルノとハッタが、インドネシアの独立を宣言した。1950年にインドネシア共和国として出発し、スカルノが初代大統領となった。スカルノ大統領は、この国の基礎を築くために積極的に活動したが、多民族からなるこの国をまとめるのは容易ではなかった。1965年9月30日、スカルノ大統領は共産党の軍人による軍事行動によって失脚した。

1968年、スハルトが第2代大統領に就任した。スハルトはこの国の資源を開発し、農業や工業をおこして経済をたて直した。いっぽうで、家族が経営する会社が国家的な事業に関与し、多くの利益をえていたため、国民の間で貧富の差が広がった。

スハルト退陣のあと、ハビビ、ワヒド、メガワティが、そして2004年にはユドヨノが、大統領に就任した。同年、マグニチュード（M）9.1のスマトラ島沖地震が起き、多くの死者や行方不明者が出た。2019年に大統領選挙がおこなわれ、ジョコ・ウィドドが2期続けて大統領に就任した。

さくいん

取材を終えて

常見藤代（つねみ ふじよ）

「こちらの人は死にぎわに生きることに執着（しゅうちゃく）しない」と、インドネシア人男性（だんせい）と結婚（けっこん）して旅行会社を営（いとな）む中辻朝（なかつじとも）さんからお聞きしました。ある程度（ていど）の年齢（ねんれい）まで楽しく生きられたら、それでいい。高い医療費（いりょうひ）を払（はら）って延命治療（えんめいちりょう）しながら少しでも長生きするより、家で家族に囲（かこ）まれながら楽しく人生を終えたいと思っているそうです。

インドネシアでは医療保険制度（いりょうほけんせいど）が日本ほど整っていないため、庶民（しょみん）は気軽に医療（いりょう）にかかれません。いっぽうで大家族制（せい）が生きているため、結婚後は長男も次男も両親と同居（どうきょ）する人がたくさんいます。年老（としお）いた両親は、家族が死ぬまで面倒（めんどう）をみるのです。

日本にはすぐれた医療保険制度（いりょうほけんせいど）があり、ほとんどの人が必要な医療（いりょう）を受けられます。それはとても喜ばしいことである半面、人生の最期（さいご）を病院でむかえる人も少なくありません。

私（わたし）のはじめての海外一人旅はインドネシアでした。バスでとなりあった人に話しかけられて、かたことのインドネシア語で返すと、「家に来なさい」と言われることがたびたびあり、何軒（なんげん）もの家を泊（と）まり歩きました。

あれから20年以上がたち、この国はどう変わったのかに興味（きょうみ）がありました。だれもがスマホを持つようになり、

▲ロンボク島のプールで体操着（たいそうぎ）とスカーフすがたで泳ぐ女子学生たち

アプリを起動してさっとタクシーをよびだすのには驚（おどろ）きました。しかし人のあたたかさはあいかわらずで、私（わたし）がホテルへの帰りかたがわからなくて困（こま）っていると、自分の予定を変更（へんこう）してホテルのすぐ近くまでついてきてくれる人もいました。

他人への思いやり、人と人とのつながりという人間のもっとも尊（とうと）いものにふれることができるのが、インドネシア滞在（たいざい）の楽しみです。もしみなさんがインドネシアに行く機会（きかい）があれば、そういうこともぜひ感じとっていただけたらいいなと願っています。

●監修
倉沢愛子（くらさわあいこ）（慶應義塾大学経済学部名誉教授）

●取材協力
Sekolah Dasar Negeri Pakem4 ／ Sekolah Dasar Negeri Tlacap
ジョグジャカルタ日本人会／三谷雄一／Yanti Bustandar
中辻朝（Javanava Travelcafe）／有賀正博／Kadek Sujana
Batik Seno ／ Batik Winotosastro

●参考文献
加納啓良『インドネシアの基礎知識』（めこん）
土屋健治、深見純生、加藤剛・編『インドネシアの事典』（同朋舎出版）
村井吉敬、佐伯奈津子・編著『インドネシアを知るための50章』（明石書店）
宮崎恒二、山下晋司、伊藤眞・編『インドネシア（暮らしがわかるアジア読本）』（河出書房新社）
倉沢愛子・編著『消費するインドネシア』（慶應義塾大学出版会）
吉田竹也『バリ宗教ハンドブック』
田村史子、吉田禎吾・著、管洋志・写真『祭りと芸能の島バリ』（音楽之友社）
『データブック オブ・ザ・ワールド 2020』（二宮書店）

●地図：株式会社平凡社地図出版
●校正：株式会社鷗来堂
●デザイン：株式会社クラップス（佐藤かおり、神田真里菜）

現地取材！　世界のくらし7

インドネシア

発行　2020年4月　第1刷
　　　2024年7月　第2刷

文・写真　：常見藤代（つねみ ふじよ）
監修　　　：倉沢愛子（くらさわ あいこ）
発行者　　：加藤裕樹
編集　　　：原田哲郎
発行所　　：株式会社ポプラ社
〒141-8210　東京都品川区西五反田3-5-8 JR目黒MARCビル12階
ホームページ：www.poplar.co.jp
印刷　　　：TOPPANクロレ株式会社
製本　　　：株式会社ハッコー製本

©Fujiyo Tsunemi 2020 Printed in Japan
ISBN978-4-591-16527-0
N.D.C.292/48P/29cm

現地取材! 世界のくらし

Aセット　全5巻（①〜⑤）

Bセット　全5巻（⑥〜⑩）

**続刊も
毎年度
刊行予定!**

- 小学高学年〜中学向き
- オールカラー
- A4変型判　各48ページ
- N.D.C. 292
- 図書館用特別堅牢製本図書

ポプラ社はチャイルドラインを応援しています